Spiel und Spaß
mit der Bastelmaus

Liebe Kinder,

gleich auf der ersten Seite begegnet ihr der Bastelmaus, die euch durch das ganze Buch begleitet. Sicher werdet ihr schnell mit ihr Freundschaft schließen. Es erwartet euch eine Fülle an witzigen Ideen – verteilt über das ganze Jahr –, die ihr allein, mit Freunden oder zusammen mit Erwachsenen umsetzen könnt. So sät ihr zum Beispiel im Frühling Kresse, im Sommer bastelt ihr lustige Sonnenschilder, im Herbst stellt ihr aus gesammelten Blättern und Beeren hübschen Schmuck her, und im Winter laßt ihr es in euren Traumkugeln schneien und glitzern, sooft ihr dazu Lust habt.

Alle Vorschläge in diesem Bastelbuch sind ganz leicht nachzumachen: zahlreiche Bilder, kurze Arbeitsschritte und Vorlagen in Originalgröße helfen euch dabei. Das Buch soll euch aber auch anregen, eure eigenen Ideen zu verwirklichen. Stellt euch vor, ihr springt mit der Bastelmaus von Buchseite zu Buchseite und erlebt gemeinsam viele spannende Bastelabenteuer.

Viel Spaß dabei wünscht euch

eure
Christina Pfeiffer

INHALT

Du brauchst:
Papprollen
Farbfolie oder
Bonbonpapier
Ringgummis
Klebestreifen
Schnur

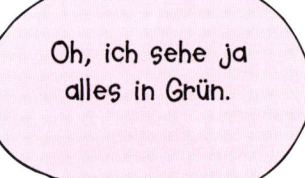

Oh, ich sehe ja alles in Grün.

1 Spanne ein Stück farbige Folie über das Ende einer Papprolle. Befestige die Folie mit Ringgummi oder mit Klebestreifen an der Rolle.

2 Zusätzlich kannst du das Fernrohr mit Papierstreifen, selbstbemalten Papieren oder Bildern umkleben.

3 Damit du das Fernrohr auch umhängen kannst, stich zwei Löcher in die Rolle und knote eine Schnur daran.

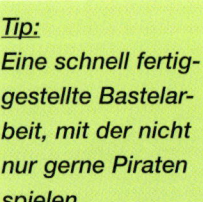

Tip:
Eine schnell fertiggestellte Bastelarbeit, mit der nicht nur gerne Piraten spielen.

SCHMETTERLINGE

1 Streiche alle Finger und die ganze Handfläche mit Farbe ein.

2 Drücke die bestrichene Hand auf ein Stück Papier. Bevor du eine neue Farbe verwendest, mußt du die alte Farbe von der Hand abwaschen.

3 Für die Schmetterlingsflügel werden beide Hände aufgedrückt. Bei einem Flügelpaar kannst du die Finger etwas mehr spreizen, dann entsteht eine andere Form. Den Schmetterlingskörper schneidest du aus einem Papierbogen aus.

4 Schneide die Formen aus und klebe sie als Schmetterling auf einen Karton oder male auf den einzelnen Handabdrücken ein lustiges Bild von dir.

Eine prima Idee zum Muttertag.

Du brauchst:
Fingerfarben
breite Pinsel
Papier
Lappen
Schere

Tip:
Bei einem gut abgedeckten Boden, können die Kinder ihre Füße bemalen und auf ein Papier drücken.

Hüte

1 Für größere Hüte brauchst du einen Papierbogen, der so groß wie ein doppeltes Zeitungsblatt ist. Bei kleineren Köpfen reicht die Papiergröße von einem aufgeschlagenen großen Heft.

2 Je nachdem, ob du den Hut längs oder quer aufsetzt, entsteht eine Robin-Hood-Mütze, ein Seeräuberhut oder etwas ganz anderes.

3 Die Hüte kannst du mit Filzstiften bunt bemalen oder mit verschiedenfarbigen Papierresten bekleben.

Brille

1 Zeichne die Brille nach der Vorlage auf dünnen Karton. Laß dir beim Ausschneiden helfen.

2 Knicke die Brillenbügel an den markierten Stellen und verziere die Brille nach deinen Vorstellungen.

3 Die Brillengläser bestehen aus farbiger Folie. Du kannst die Brille mit Federn oder Papier zu einer anderen Maske verändern.

Du brauchst:

Hüte:
Ton-, Geschenk-
oder Zeitungspapier
Klebstoff
Farben
Hutgummi oder
Haarklammern

Brille:
Kartonreste
evtl. farbige Folie
Federn

Die Vorlage zur Brille findest du auf dem Vorlagenbogen A.

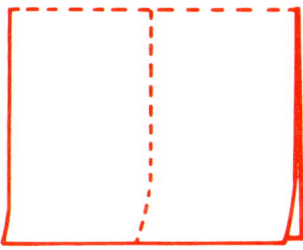

1 Gefaltetes Zeitungsblatt in der Mitte knicken

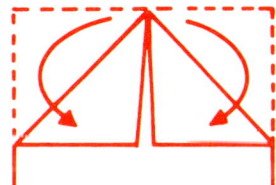

2 Ecken zur Mitte falten

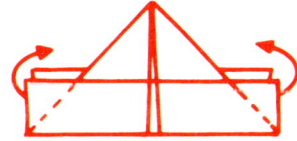

3 Rand an beiden Seiten nach oben falten

Tip:
Die Kinder können nach einigen Probefaltungen aus Zeitungen die Mütze selber falten. Beim Befestigen des Hutgummis sollte geholfen werden.

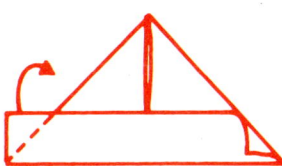

4 Ecken umfalten

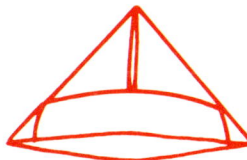

5 Hut öffnen und beide Ecken aufeinanderlegen

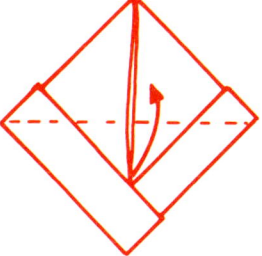

6 Ecken hochfalten

7 Hut längs oder quer aufsetzen

Du brauchst:
Zeitschriften
Schere
Kartonreste oder
Tonpapier
Holzstäbe
Klebstoff

Meine Maske wird eine Katze.

1 Reiße große Gesichter, Lippen, Augen oder andere lustige Formen aus Zeitschriften aus.

2 Klebe Kartonreste oder Tonpapier auf die Rückseite der ausgeschnittenen Teile. So wird die Maske stabiler.

3 Schneide dann eine Augen- oder Mundmaske aus.

4 Vergiß bei der Augenmaske nicht, kleine Löcher zum Durchschauen mit der Schere zu stechen.

5 Klebe ein Stäbchen zum Halten an den Maskenrand.

Tip:
Möchten die Kinder die Masken länger tragen, kann ein Hutgummi angeknotet werden.

GRÜNE NESTER

1 Fülle die Schale oder den Untersetzer gut halbvoll mit Erde. Streue die Samen darauf und bedecke sie mit wenig Erde.

2 Jetzt mußt du die Samenkörner regelmäßig gießen und an einen hellen Platz stellen. Übrigens: Kresse wächst auch auf einem feuchten Papiertaschentuch.

Ich sage dem Osterhasen, daß da noch viel Platz für eine Überraschung ist.

3 Willst du am Ostermorgen ein grünes Nest, mußt du die Kresse acht Tage vor Ostern ansäen. Du kannst genau beobachten, wie die Keimlinge sprießen. Zum Osterfrühstück schneidest du die Kresse mit der Schere ab. Sie schmeckt prima auf Butterbroten, Eiern und Salaten.

4 Für eine kleine Osterwiese auf der Fensterbank benötigst du einen Eßlöffel Gras- oder Weizensamen. Da Gras etwas langsamer als Weizen wächst, mußt du es drei Wochen vor Ostern ansäen.

OSTERKÖRBCHEN

Hier habe ich eine echte Feder für das Küken.

1 Das Körbchen kannst du in verschiedenen Größen basteln. Laß dir die Vorlage auf Tonpapier übertragen. Zeichne die Faltlinien mit Lineal und Bleistift ein.

2 Schneide das Papier an jeder gestrichelten Linie bis zu dem angegebenen Punkt ein.

3 Falte alle Seiten an den Bleistiftlinien nach innen und öffne sie wieder.

4 Klebe das Körbchen wie auf der Zeichnung zusammen. Für den Henkel wird ein 30 x 2 cm langer Papierstreifen angeklebt.

5 Schneide verschiedene Figuren aus, bemale sie und klebe sie dann auf dein Körbchen. Die Vorlagen helfen dir dabei. So erhältst du ein wunderschönes Osternest.

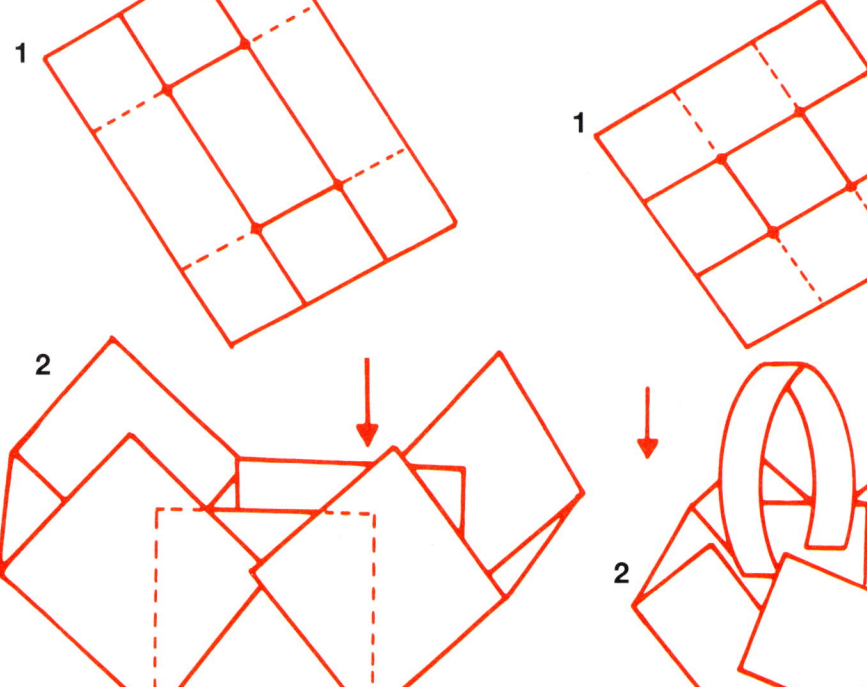

knicken

knicken

Kleiner Korb

knicken

knicken

Eier

BUNTE EIER

1 Drucke vorsichtig mit kleinen Kartoffelecken Streumuster oder Blümchen auf die Eier.

2 Beklebe die Eierschale mit Lochverstärkern und tupfe mit dem Schwamm eine kräftige Farbe auf. Nach dem Trocknen ziehst du die Lochverstärker ab.

3 Sogar mit Abdrucken aus geknautschtem Papier kannst du das Ei einfärben. Dazu noch einige Pinselkleckse, und schon entsteht wieder ein neues Muster.

4 Schneide dir kleine Schwammstücke zurecht. Tauche den Schwamm ein wenig in dickflüssige Farbe. Mache zuerst einige Probedrucke auf Papier. Anschließend verteilst du die Schwammuster auf der Eierschale.

Tip:
Zum Verzieren werden die ausgeblasenen Eier auf einen Holzspieß gesteckt. Es bereitet den Kindern großen Spaß, die Wirkung dieser einfachen Druckmaterialien auszuprobieren.

Du brauchst:
Eier
Deckfarben
Spülschwamm
Kartoffel
Pinsel
Lochverstärker
Zeitung

Mein Ei wird ganz bunt.

BLUMENWIESE

Ob die
auch duften?

1 Reiße Gräser und Blütenblätter aus buntem Transparent- oder Seidenpapier. Wenn du das Papier doppelt legst, erhältst du zwei Blätter oder zwei gleiche Schmetterlings-flügel. Beim Reißen von runden Formen hältst du das Papier wie auf der Abbildung unten.

2 Verteile die Blumen und Gras-streifen auf einem großen Bogen farblosem Transparentpapier und klebe sie fest. Zusätzlich kannst du die Blumen mit geknüllten Papierkü-gelchen verzieren.

3 Wunderschön leuchtet das Blu-menbild, wenn du es mit Klebe-streifen am Fenster befestigst.

Du brauchst:
großes Glas
destilliertes Wasser
Sand

gesammeltes
Strandgut:
Steine oder Muscheln
kleine Spielfiguren aus
Plastik
Moosgummi oder
Knetmasse

Schiff:
festes Blatt
Zahnstocher
Papier

Paßt das Schneckenhaus noch hinein?

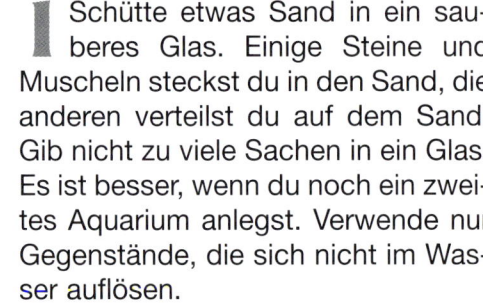

1 Schütte etwas Sand in ein sauberes Glas. Einige Steine und Muscheln steckst du in den Sand, die anderen verteilst du auf dem Sand. Gib nicht zu viele Sachen in ein Glas. Es ist besser, wenn du noch ein zweites Aquarium anlegst. Verwende nur Gegenstände, die sich nicht im Wasser auflösen.

2 Jetzt gießt du vorsichtig das Wasser dazu. Auf dem Fensterbrett oder vor einer Lampe wirkt deine Unterwasserwelt besonders interessant.

3 Du kannst auch Figuren aus Knetmasse oder Plastik in das Glas setzen oder ein Blattschiffchen auf dem Wasser schwimmen lassen. Befestige dazu mit etwas Knetmasse einen halben Zahnstocher auf einem festen Blatt. Stecke ein Papierdreieck als Segel darauf.

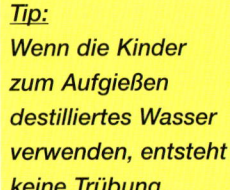

Tip:
Wenn die Kinder
zum Aufgießen
destilliertes Wasser
verwenden, entsteht
keine Trübung.

RIESENSEIFENBLASEN

1 Biege den Draht in der Mitte zu einem Bogen. Laß dir von einem Erwachsenen einen Griff zum Festhalten drehen. Zusammen könnt ihr gleich mehrere große und kleine Seifenblasenringe biegen.

2 Für die Seifenblasenlösung vermischst du eine Tasse Spülmittel mit zwei Tassen destilliertem Wasser. Je weniger die Lösung schäumt, desto besser werden die Seifenblasen.

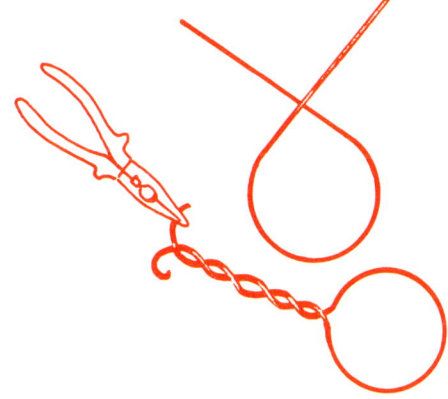

Du brauchst:
destilliertes Wasser
Spülmittelkonzentrat
Schüssel
für 1 Ring:
1 Stück Draht
1 bis 1,5 mm stark und
40 bis 50 cm lang
Rundzange

Oh, sind die schön!

Tip:
Die Drahtenden beim Bogen und Griff des Seifenblasenrings biegt ein Erwachsener mit der Rundzange nach innen. Je langsamer die Kinder pusten, desto größer werden die Seifenblasen.

SAMMLERBEUTEL

Du brauchst:

1 großen Eimer
1 großen Teller
Bleistift
Schere
feinfädigen
Baumwollstoff oder
dünnen Filz
ca. 30 x 30 cm
große Stopfnadel
Wollfaden oder dünne
Schnur
Holzperlen
Federn

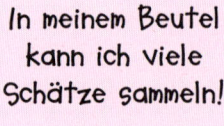

1 Stürze den Eimer auf den Stoff und male mit dem Stift einen Kreis um den Rand. Schneide den Kreis aus.

2 Den Teller legst du in die Mitte des Stoffkreises und malst noch einen Kreis auf.

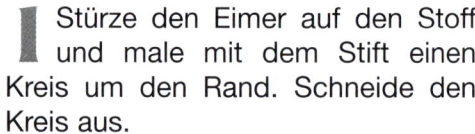

3 Fädle einen Wollfaden oder eine Schnur in die Nadel und verknote ein Ende. Am inneren Kreis nähst du auf und ab, bis du wieder am Anfang angekommen bist. Laß beide Schnurenden überstehen.

4 Jetzt kannst du deinen Beutel an beiden Enden zusammenziehen. Verziere den Beutel mit Federn, Muscheln oder Perlen, die du mit einem dünnen Faden an die durchgezogene Schnur oder das Schnurende bindest.

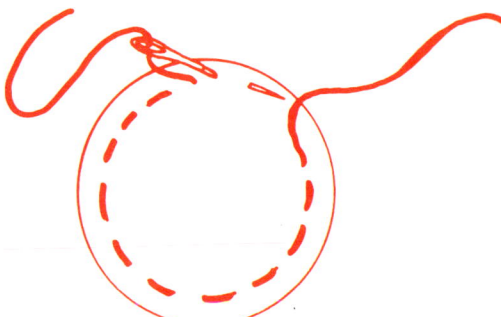

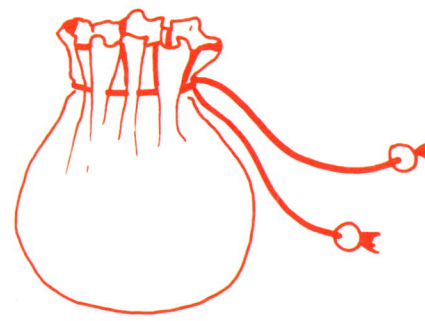

Tip:
Die Kinder beginnen mit Hilfe eines Erwachsenen ihre ersten Nähversuche. Der Beutel eignet sich prima zum Mitnehmen von Spielsachen.

1 In jede Schachtel, Dose oder Plastikflasche füllst du etwas anderes, beispielsweise einen Eßlöffel Reis oder einige Holzperlen.

2 Teste das Geräusch. Wie klingt es, wenn du die Schachteln und Flaschen langsam oder schnell schüttelst?

3 Bemale deine Schachtel oder Flasche und beklebe sie mit bunten Bildern. Verschließe sie dann mit Klebestreifen.

4 Wenn du auf einem Trichter trompetest oder auf einen alten Deckel klopfst, kannst du unterschiedliche Töne erzeugen.

Du brauchst:
leere Schachteln
Plastikflaschen
Farben
Klebestreifen
Reis
Steinchen
Holzperlen

Ob in einer Schachtel Bonbons versteckt sind?

Tip:
Ideal für ein Kinderfest. Jedes Kind bastelt sich sein Instrument für die Krachpolonaise. Ein Kind gibt den Rhythmus an. Zusätzlich können noch Trichter und Topfdeckel eingesetzt werden.

SONNENSCHILD

Du brauchst:
dünnen Karton
z. B. Fotokarton
Butterbrotpapier
Bleistift
Hutgummi
Schere
große Nadel
Klebstoff
Farben

Die Vorlage für das
Sonnenschild findest
du auf dem
Vorlagenbogen A.

Tip:
Sonnenschutz für
kleine Seeräuber:
Ein Halstuch wird zu
einem Dreieck gefal-
tet und mit doppel-
seitigem Klebeband
an dem Sonnen-
schild befestigt.

1 Übertrage die Form für das Sonnenschild vom Vorlagenbogen
auf Butterbrotpapier.

2 Klebe die Zeichnung auf einen
Karton und schneide das Schild
aus. So erhältst du eine Schablone,
mit der du gleich mehrere Sonnenschilder anzeichnen und ausschneiden kannst.

3 Stich seitlich mit der Nadel zwei
Löcher für den Hutgummi ein.
Knote den Hutgummi in einem Loch
fest. Laß ihn dir im zweiten Loch,
passend für deine Kopfgröße, anknoten.

4 Du kannst das Schild bemalen,
bedrucken oder mit ausgeschnittenen Zeitschriftenbildern und Ge-
schenkpapier bekleben. Die Vorlage
für den Schmetterling findest du auf
Seite 19.

Toll, jetzt
blendet mich die
Sonne nicht mehr!

KORKUNGEHEUER

1 Lege dir die Korken so hin, wie später das Ungeheuer aussehen soll, und bemale sie.

2 Verbinde unbewegliche Korkteile mit Klebstoff. Du brauchst etwas Geduld, bis die Verbindung hält. Zusätzlich kannst du die Korken mit Zahnstocherstücken zusammenstekken. Laß dir aber dazu die Steckverbindungen von einem Erwachsenen vorbohren.

3 Ganz leicht schlängelt sich dein Ungeheuer durch die Büsche, wenn du in die Korken Ringschrauben und Haken drehst. Hänge diese Schrauben zusammen. Jetzt noch aus Perlen oder kleinen Korken ein Gesicht aufkleben.

4 Bevor du die lustig bemalten Korkungeheuer zum Schwimmen schickst, laß sie dir mit Klarlack überziehen. Wenn du an den Vogel unten eine Wäscheklammer klebst, dann kannst du ihn an beliebigen Stellen befestigen.

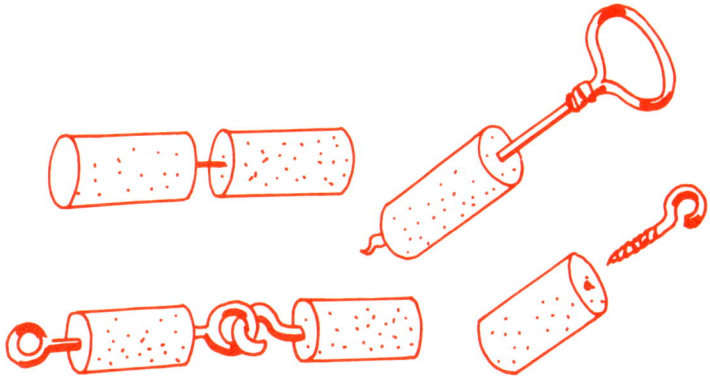

Du brauchst:
verschieden große
Korken
Perlen oder Knöpfe
Federn
roten Filzrest
Ringschrauben
und Schraub-
haken 12 x 4 mm
Klebstoff
Zahnstocher
Schere
Nagelbohrer
Rundzange
Deckfarben
Klarlack auf
Wasserbasis

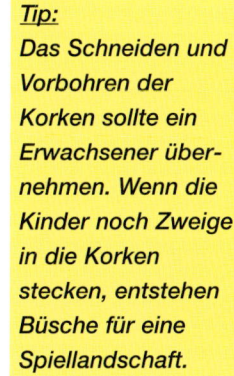

Tip:
Das Schneiden und
Vorbohren der
Korken sollte ein
Erwachsener über-
nehmen. Wenn die
Kinder noch Zweige
in die Korken
stecken, entstehen
Büsche für eine
Spiellandschaft.

Du brauchst:
fliegende Fische:
Papierstreifen
ca. 30 x 2 cm

Flieger:
Papier DIN-A4
Schere
Farben
Klebestreifen

Wie du die Flieger
faltest, siehst du auf
den Seiten 38 und 39.

Starthaltung »Fliegende Fische«

Halte den Fisch mit zwei Fingern an einer Bauchseite und laß ihn von oben einfach fallen. Je höher du stehst, desto besser dreht sich dein Fisch.

Starthaltung »Segler«

Der Segler schwebt sehr weit. Halte ihn unten an der Bugmitte und schiebe ihn langsam und waagerecht nach vorne. Falls die Spitze des Seglers nach vorne abstürzt, mußt du hinten an den Flügeln noch zwei Heckruder einschneiden und leicht nach oben biegen.

Starthaltung »Pfeil«

Halte den Pfeil in der Mitte und stoße ihn leicht nach vorne.

Tip: ·
Zum Einüben der
Faltschritte sollten
die Kinder von
jedem Flugobjekt ein
Probemodell anferti-
gen. Dabei prägen
sie sich die Falt-
schritte ein und
können selbständig
weiterbasteln.

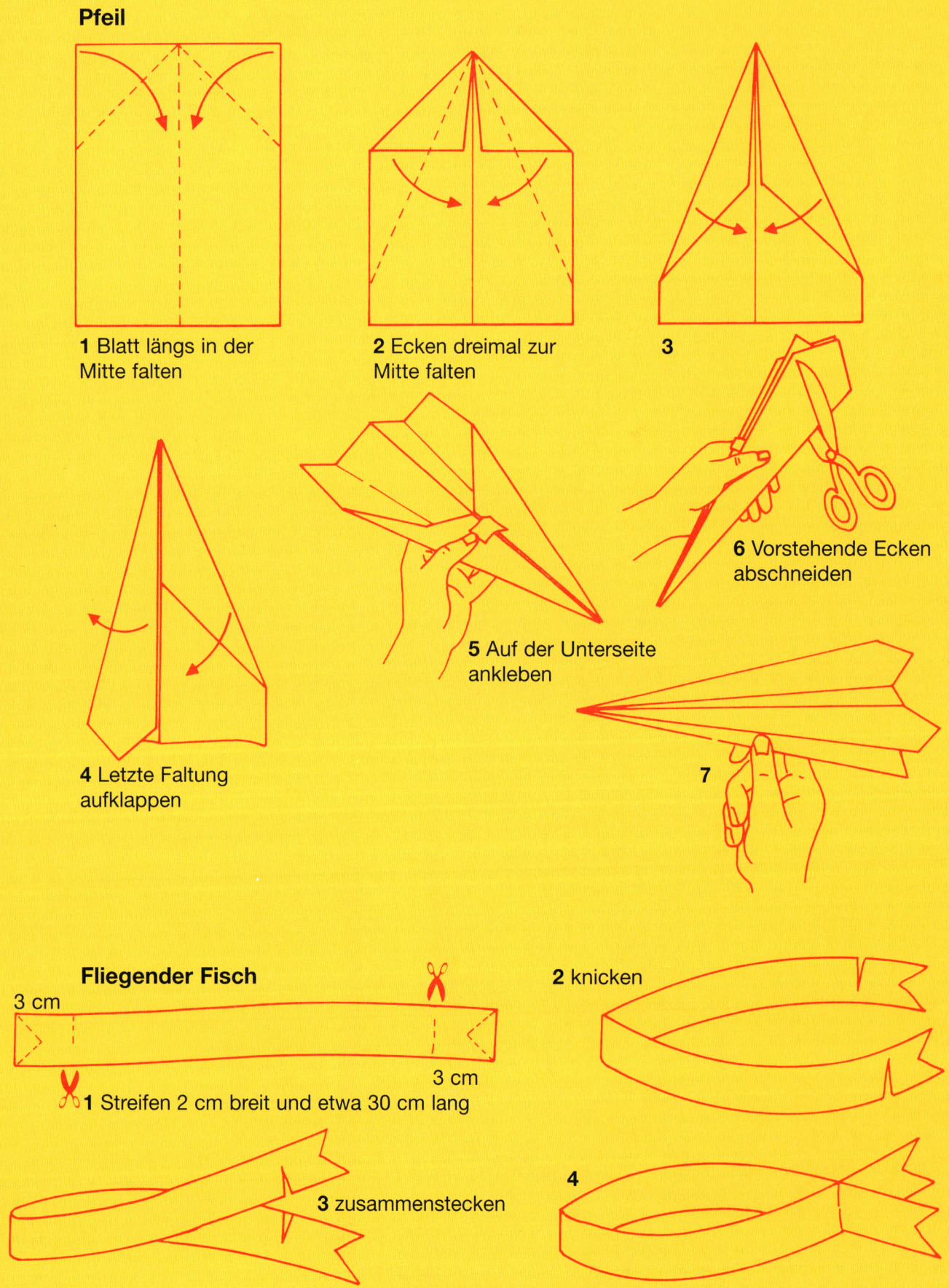

Pfeil

1 Blatt längs in der Mitte falten

2 Ecken dreimal zur Mitte falten

3

4 Letzte Faltung aufklappen

5 Auf der Unterseite ankleben

6 Vorstehende Ecken abschneiden

7

Fliegender Fisch

3 cm

3 cm

1 Streifen 2 cm breit und etwa 30 cm lang

2 knicken

3 zusammenstecken

4

Segler

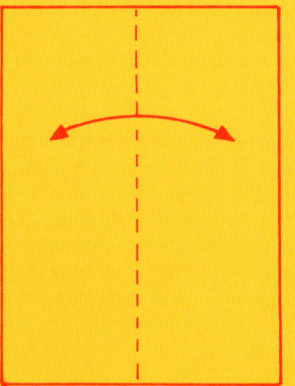

1 Blatt längs halbieren und wieder öffnen

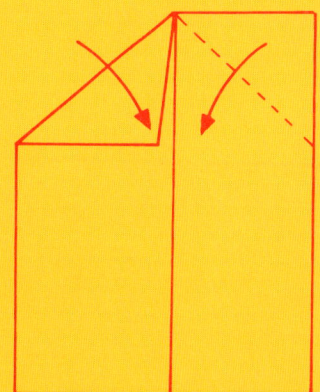

2 Ecken zur Mitte falten

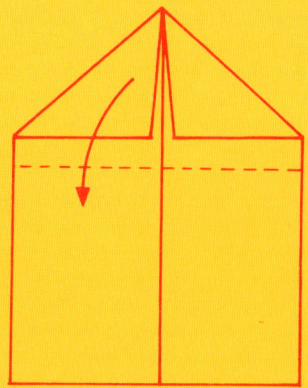

3 Spitze nach unten falten, etwa drei Finger breit vom unteren Rand entfernt

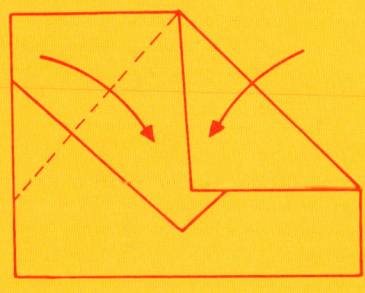

4 Obere Ecken zur Mitte falten

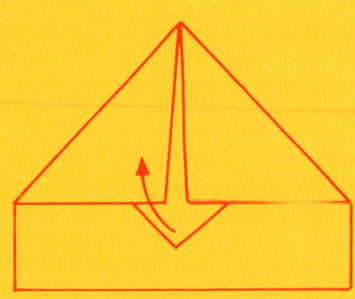

5 Dreieck nach oben falten

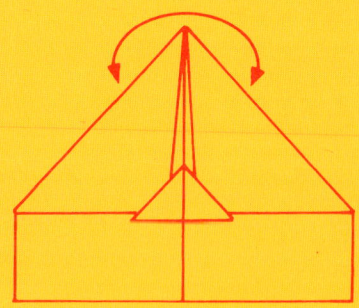

6 Flügel nach hinten falten

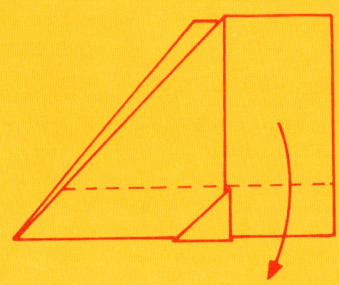

7 Flügel beidseitig nach unten falten

8 Heckruder einschneiden und leicht nach oben biegen

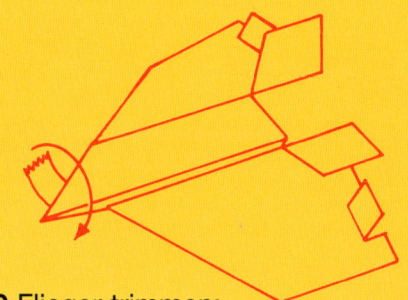

9 Flieger trimmen:
- evtl. Spitze zusammenkleben
- Heckruder klappen

Die hübschen Ohrringe schenke ich meiner Freundin.

Du brauchst:
Zwirn oder Häkelgarn
Stopfnadel
Schere
Haarklammern
Herbstblätter
starke Blattstiele oder
Grashalme
Hagebutten
Getreideähren
Gräser
Eicheln
Ahornsamen
weiche Körner
getrocknete
Rosenblätter

Blätterkrone

1 Lege die Blätter etwa bis zur Blattmitte übereinander und stecke sie mit den Blattstielen oder Grashalmen so oft zusammen, bis die Krone um deinen Kopf paßt.

2 Damit die Krone nicht verrutscht, kannst du sie mit Haarklammern befestigen.

Halsschmuck

1 Lege die Blätter und Früchte so vor dich hin, wie sie auf der Kette hängen sollen.

2 Nimm die gesammelten Blätter und Früchte auf einen 50 cm langen Faden. Verknote die beiden Fadenenden. Achte darauf, daß dein Kopf noch hindurchpaßt.

Tip:
Die Kinder können unter Anleitung verschiedene Samen, Früchte und Blätter bestimmen und zuordnen. Gleichzeitig sollten die Kinder vor giftigen Beeren gewarnt werden.

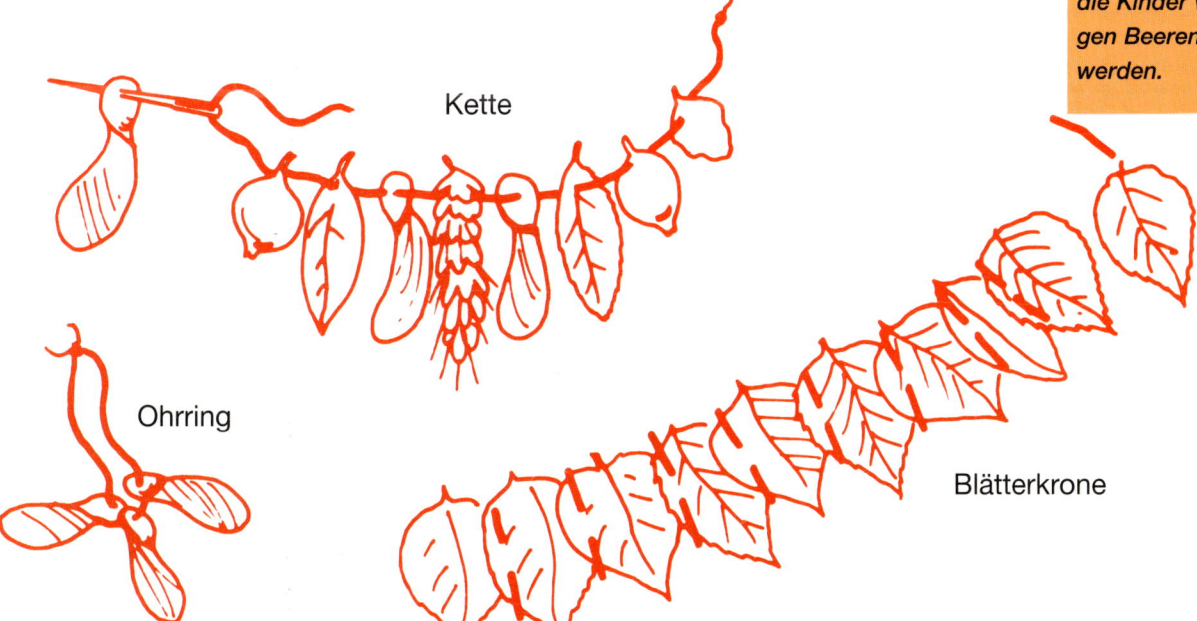

Kette

Ohrring

Blätterkrone

Du brauchst:
Bettuch
Pinsel
Stoffmalfarben
2 bis 3 Rundstäbe
oder Leisten zur
Befestigung
Lappen
Holzklötze
Korken
Kartoffeln

Darin möchte ich auch einmal schlafen.

1 Male ein Bild von dir auf den Stoff. Stell dir dabei vor, du fliegst über das Tuch. Verdünne die Stoffmalfarbe öfters mit Wasser und wasche den Pinsel gut aus, bevor du mit einer anderen Farbe beginnst.

2 Drucke zwischen die fliegenden Figuren bunte Spielbälle und Würfel. Dazu eignen sich Kartoffel-hälften, Korken und Holzklötze. Mache vorher einige Probedrucke auf Papier. Die Stempel, die am besten abdrucken, verwendest du für das Zelt.

Tip:
Anstelle der Zeltform kann das Bettuch auch als Baldachin oder schräg an einer Wand befestigt wer-den. Für die Rund-hölzer wird an den schmalen Tuchseiten ein Tunnel genäht.

Du brauchst:
fertiges
Pappmachépulver aus
dem Baumarkt oder
Bastelgeschäft
Schüssel
Wasser
Deckfarben
Pinsel
Filzreste
Plüsch
Federn
Klebstoff
Schere
Theater:
Fotokarton DIN-A1

Die Vorlagen für
Filzkleid und Theater
findest du auf dem
Vorlagenbogen A.

Was hat der Rabe zur Sonne gesagt?

1 Rühre das Pappmachépulver an. Forme eine Kugel, so groß wie ein Tischtennisball. Stecke diese Kugel auf den Finger und weite die Öffnung aus.

2 Setze aus kleinen Pappmaché-stücken Schnabel, Ohren, Nase oder Sonnenstrahlen an die Kugel.

3 Streiche die Köpfe mit nassen Fingerspitzen glatt. Die Schnäbel schneidest du mit der Schere auf. Laß die Figuren an einem warmen Ort ca. fünf Tage trocknen.

4 Bemale die Köpfe zuerst mit der Untergrundfarbe. Wenn diese trocken ist, malst du die Gesichter auf.

5 Klebe das ausgeschnittene Filz-kleid zu einer Tüte zusammen und befestige die Spitze in der Fin-geröffnung.

6 Laß dir das Klapptheater vom Vorlagenbogen übertragen und ausschneiden. Dann bemale es bunt.

> **Tip:**
> Die Pappmaché-masse schrumpft beim Trocknen, des-halb die Öffnung und den Kopf um ein Drittel größer formen.

Die Vorlagen zu der Katze und dem Vogel findest du auf den Seiten 48 und 49.

Die Vorlagen zu Giraffe, Maus und Storch sind auf dem Vorlagenbogen A.

Ich schneide mir den Storch aus.

Tip:
Die Kinder können an diesen oder anderen Figuren die Körperteile mit Musterklammern beweglich befestigen. Für eine Hampelfigur sollte ein Erwachsener die Fäden mit anknoten.

1 Laß dir die Körperteile für deine gewünschte Figur auf Karton zeichnen. Schneide diese Teile aus.

2 Bohre an den markierten Stellen mit dem Nagelbohrer große Löcher für die Musterklammern und kleinere für die Zugfäden.

3 Bemale die Körperteile zuerst mit einer Grundfarbe. Nach dem Trocknen musterst du die Figuren.

4 Verbinde die Teile so mit Musterklammern, daß sie ganz locker herunterhängen. Jetzt kann sich dein Tier bewegen.

5 Für ein Hampeltier läßt du dir beim Anknoten der Schnüre helfen. Betrachte dazu die Zeichnungen auf den nächsten beiden Seiten und auf dem Vorlagenbogen A.

Rückseite

Schwanz

Beine 2x

Für Faden

Für Musterklammer

Flügel 2x

Du brauchst:
Pappe
Fotokarton
Nähgarn
Stopfnadel
Butterbrotpapier
Schere
Klebstoff
Deckfarben oder
Stifte

Die Vorlagen für die
Mobileteile findest du
auf dem Vorlagen-
bogen B.

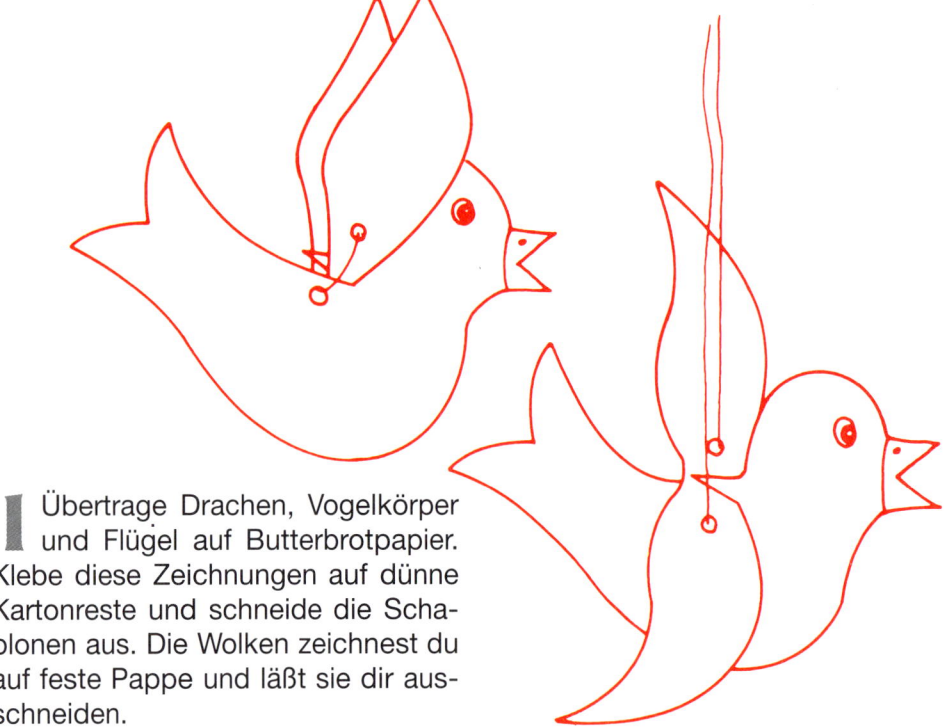

1 Übertrage Drachen, Vogelkörper und Flügel auf Butterbrotpapier. Klebe diese Zeichnungen auf dünne Kartonreste und schneide die Schablonen aus. Die Wolken zeichnest du auf feste Pappe und läßt sie dir ausschneiden.

2 Lege die Schablonen für die Mobileteile auf Fotokarton und zeichne die Ränder und den Einschnitt am Vogelkörper nach. Stich mit der Nadel an den markierten Stellen Löcher für die Aufhängung.

3 Bemale die Figuren auf beiden Seiten. Stecke die Vögel zusammen und ziehe mit der Nadel den Faden durch die Markierungen. Hänge zuerst die Wolken auf und knote Vögel, Drachen und Sonne daran.

Tip:
Das Zusammen-
knoten des Mobiles
sollte ein Erwach-
sener übernehmen.
Vögel und Drachen
können auch einzeln
aufgehängt werden.
Hübsch wirken die
Figuren, wenn sie
bunt bedruckt oder
beklebt werden.

50

»Ich gehe mit meiner Laterne...«

Du brauchst:
buntes und farbloses
Transparentpapier
Käseschachtel
Fotokarton DIN-A3
Draht
Rundzange
Rundholz
Klebstoff
Schere

Die Vorlage für die
Eule findest du auf
dem Vorlagen-
bogen B.

1 Wickle das farblose Transparentpapier einmal um den Käseschachtelboden. Damit du die Kanten gut übereinanderkleben kannst, schneide es um zwei Finger breit länger zu. Für die Eulenlaterne schneidest du die Eule zweimal aus Fotokarton aus und klebst sie oben, unten und an den Flügeln an die fertige Laterne an.

2 Beklebe das Laternenpapier mit gerissenen bunten Papierstreifen oder Papierstücken. Biege den oberen Rand etwa 2 cm nach innen.

3 Das gemusterte Papier klebt ihr am besten zu zweit von außen um die Käseschachtel. Einer hält dabei die Schachtel.

4 Stich am oberen Rand zwei gegenüberliegende Löcher und befestige den Drahtbügel daran.

Tip:
Beim Schneiden und
Zusammenkleben
der Laternen sollte
ein Erwachsener
helfen. Die Eule
wird um eine runde
Laterne geklebt.

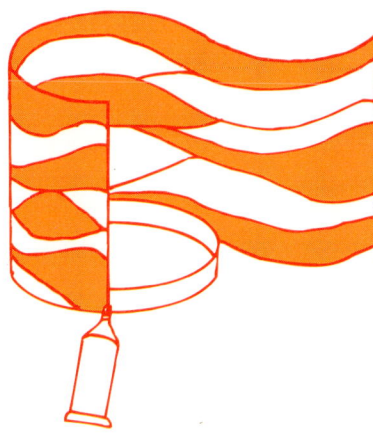

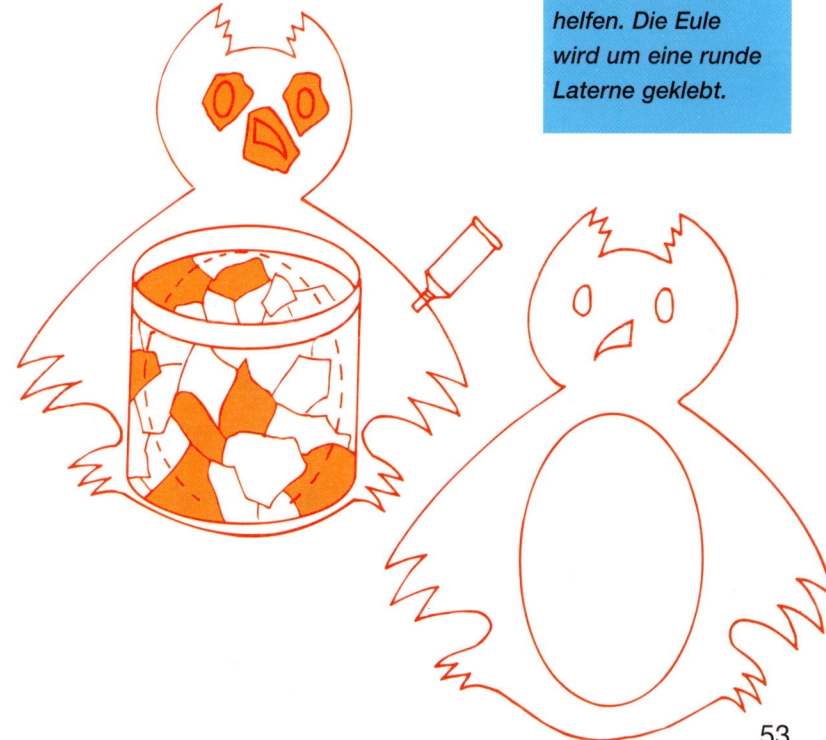

Du brauchst:
24 Papierrollen
Seidenpapier
goldene Bastelfolie
Klebestift
Schere
kleine Über-
raschungen
evtl. Sternchen- oder
Zahlenaufkleber

Die Vorlagen für den
Stern und die
Sternunterlage findest
du auf dem Vorlagen-
bogen B.

Tip:
Die Kinder können
die Rollen zu einem
Tannenbaum zusam-
menkleben oder an
ein Band knoten.

1 Schneide das Seidenpapier et-was größer als ein kleines Schul-heft (DIN-A5) zu.

2 Wickle die Rollen in das Seiden-papier und klebe die Papierkante fest.

3 Jetzt drehst du vorsichtig die Seidenpapierenden wie bei ei-nem Bonbon ein.

4 Klebe für den Tannenbaum die Rollen zuerst nebeneinander, dann übereinander zusammen.

5 Für die kleinen Sternchen mit den Zahlen kannst du Aufkleber verwenden oder selbst welche aus-schneiden.

Was da
wohl drin ist?

Mond und Sterne

1 Zeichne die Vorlage auf Transparentpapier.

2 Klebe auf diese Stelle mit Klebestift die Papierstücke.

3 Drehe das Transparentpapier um und schneide die angezeichnete Stern- oder Mondform aus und klebe sie ans Fenster.

Du brauchst:
breite Gläser
Teelichter
buntes und farbloses
Transparentpapier
Bleistift
angerührten
Tapetenkleister
Klebstoff
Schere

Die Vorlagen für den Mond und die Sterne findest du auf dem Vorlagenbogen B.

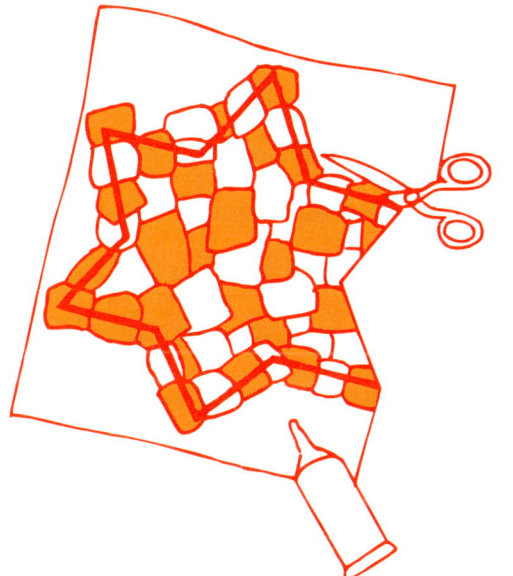

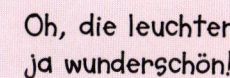

Oh, die leuchten ja wunderschön!

Windlichter

1 Reiße viele kleine Papierstücke oder Streifen.

2 Streiche das Glas außen mit Tapetenkleister ein und drücke die Papierstückchen auf.

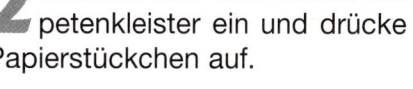

WEIHNACHTSPOST

Du brauchst:

*große und kleine
Kartoffeln
Deckfarben
Pinsel
Küchenmesser
Lappen
einfarbige
Papierbögen, z. B.
Packpapier,
Klappkarten oder
Tonpapier
Ausstechförmchen*

*Die Vorlagen für die
Briefumschläge fin-
dest du auf dem
Vorlagenbogen B.*

1 Stich mit den Ausstechförmchen Sterne aus dicken Kartoffelscheiben aus.

2 Für die Nikomaus brauchst du die Hälfte von einer durchgeschnittenen Kartoffel. Die Schneemänner druckst du aus zwei unterschiedlich großen runden Kartoffelhälften. Alle übrigen Teile schneidest du aus den Kartoffelresten.

3 Streiche den Kartoffelstempel gleichmäßig mit Farbe ein und mache erst einige Probedrucke auf großen Papierbögen. Das ergibt gleich tolle Geschenkpapiere oder Briefumschläge. Dann kannst du beginnen, lustige Weihnachtskarten zu drucken.

*Mit der Nikomaus
möchte ich gerne
spielen.*

Tip:
*Die Kartoffeln mög-
lichst gerade
anschneiden und
trockentupfen. Auf
saugfähigem Papier
rutschen die
Stempel nicht so
leicht ab.*

1 Übertrage eine der Schaukel-figuren auf zwei Kartonteile und schneide sie aus. Beklebe oder bemale die Figur auf den beiden Vorderseiten.

2 Beklebe zwei Bierdeckel mit derselben Kartonfarbe und schneide den Kreis aus.

3 Klebe die beiden Bierdeckel auf die Rückseite der Figur. Der Deckelrand sollte unten leicht vorstehen, dann schaukelt die Figur besser.

4 Umklebe den Schachtelrand mit einem passenden Filz- oder Tonpapierstreifen. Klebe die beiden Schachtelteile auf die Bierdeckel.

5 Befestige den Stein mit Klebestreifen. Stecke die Schachtel zusammen, und schon schaukelt deine Figur.

Du brauchst:
Käseschachtel
Bierdeckel
Butterbrotpapier
Klebstoff
Fotokarton rot,
schwarz, weiß
Watte
Filzreste
Kieselsteine
Klebeband
Schere
Bleistift

Die Vorlagen für den Pinguin und Nikolaus findest du auf den Seiten 62 und 63.

Die Vorlagen für den Schneemann sind auf dem Vorlagenbogen B.

Tip:
Die Kinder können die Figuren mit verschiedenen Materialien bekleben oder bemalen. Um die optimale Schaukelwirkung zu erreichen, sollten unterschiedliche Steine probiert werden.

Pinguin 2 x

oben

Flügel 4 x

Füße ankleben

kleben

knicken

Füße 4 x

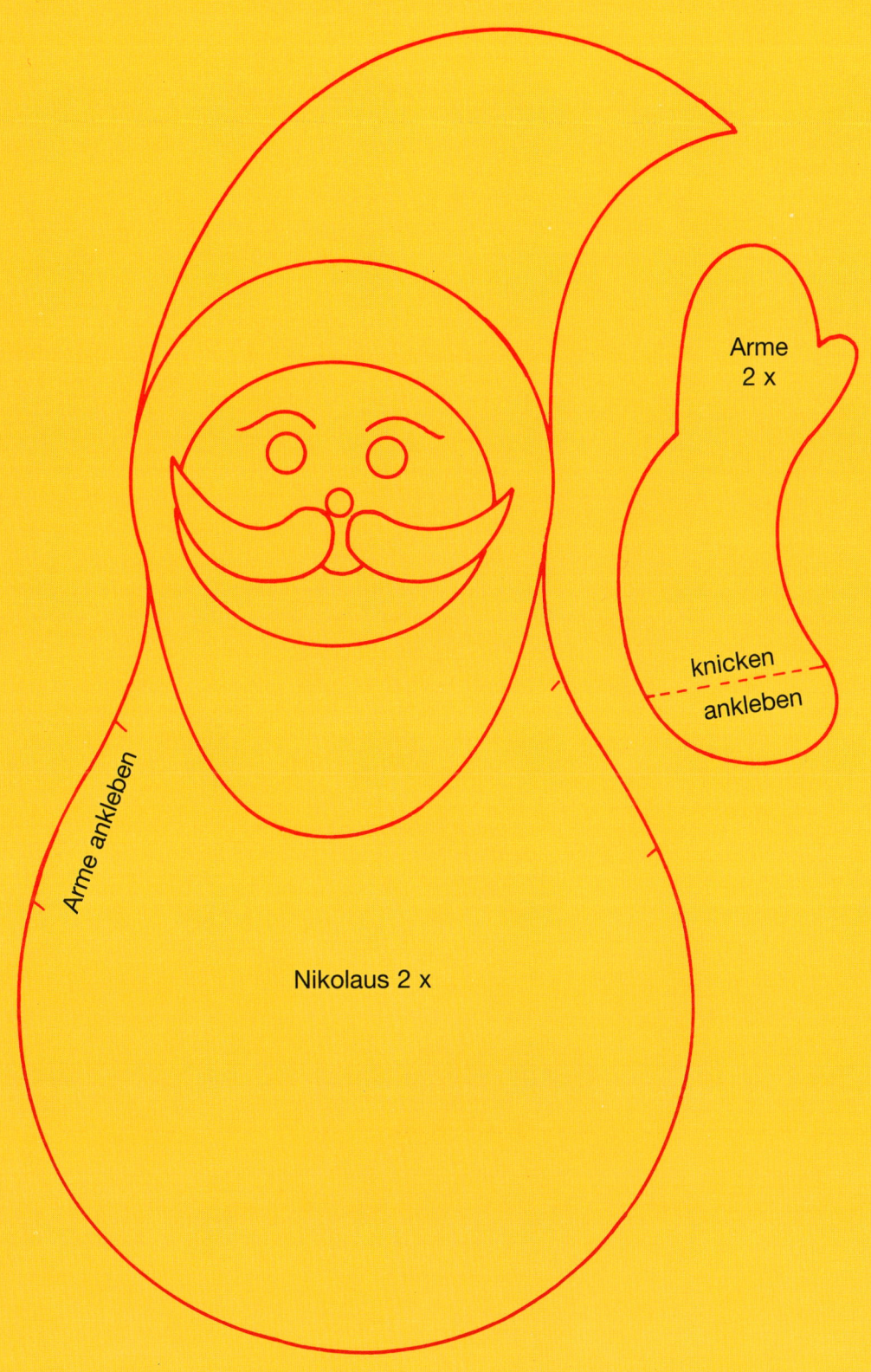

Arme
2 x

knicken

ankleben

Arme ankleben

Nikolaus 2 x

WINTERFENSTER

1 Laß dir einen großen Bogen farbloses Transparentpapier auf ein Fenster oder eine Balkontür kleben.

2 Überlege dir vor dem Bekleben, wie groß dein Nikolaus werden soll. Zeichne dir ganz dünn die Umrisse an.

3 Klebe den Nikolaus aus gerissenen Papierstückchen auf. Nur für das Gesicht reißt du einen großen Kreis.

4 Der Nikolaus steht im Winterwald. Klebe dazu Sterne, Bäume und Himmel aus Papierstückchen auf.

5 Als Schneeflocken verwendest du Watte, die du ebenfalls festklebst.

6 Für die hängenden Schneeflocken fädelst du mit der Nadel Watte auf einen langen Faden. Stich bei jeder Flocke einmal mit der Nadel zurück, damit die Watteflocken nicht zusammenrutschen, und laß sie dann von der Decke runterhängen.

Darf ich
auch mitmachen?

1 Zeichne die Sternvorlagen auf Butterbrotpapier. Klebe diese Zeichnungen auf Karton und schneide dir Schablonen aus.

2 Lege diese Schablonen auf Tonpapier und zeichne die Sterne auf. Laß dir beim Ausschneiden der Sterne helfen.

3 Reiße dir viele handflächengroße Seidenpapierstücke, die du zu kleinen Kugeln knüllst.

4 Bestreiche die äußeren Ränder der Sternzacken mit Klebstoff und klebe dicht nebeneinander die Papierkügelchen auf.

5 Beklebe das Sterninnere mit Kügelchen. Schön wirkt dein Stern, wenn du beim Aufkleben die Papierkügelchen nach Farben sortierst.

6 Für einen Kerzenständer läßt du die Sternmitte frei und klebst ein Teelicht auf.

Du brauchst:
Seidenpapier
Tonpapier
Butterbrotpapier
Bleistift
Schere
Klebstoff

Die Vorlage für die Sterne findest du auf dem Vorlagenbogen B.

Tip:
Die Gestaltung mit geknülltem Papier ist für die Kinder eine gute Übung, Feinmotorik und Ausdauer zu schulen. Die Sterne können als Tischschmuck und Kerzenständer Verwendung finden.

TRAUMKUGELN

Du brauchst:

*kleine
Marmeladengläser
Knetmasse oder
Knetwachs
Schneeflocken- und
Glitzerpulver
Spülmittel
destilliertes Wasser
Zahnstocher*

1 Forme aus Knetmasse zwei Kugeln für einen Schneemann oder Nikolaus. Stecke Kopf und Körper mit einem Stück Zahnstocher zusammen. Drücke die Teile fest. Schneide aus einer grünen Knetmassenplatte einen Tannenbaum. Überprüfe dabei immer, ob deine Figuren auch in den Glassturz passen.

2 Drücke auf die Innenseite des Deckels je ein Stück Knetmasse und befestige darauf die Figur und den Tannenbaum.

3 Vermische einen halben Teelöffel Schnee- und etwas Glitzerstaub mit einem Tropfen Spülmittel und einem Teelöffel destilliertem Wasser.

4 Gieße in das Glas bis zum oberen Rand destilliertes Wasser. Gib nochmals einen Tropfen Spülmittel und die Schneemasse dazu. Schraube den Glasdeckel mit den Figuren fest auf das Glas. Drehe das Glas um und laß es schneien.

Hurra, es schneit!

Tip:
Anstelle der Knetmassefiguren können die Kinder auch kleine Spielsachen aus Kunststoff, Moosgummi oder Muscheln an dem Deckel befestigen.

Du brauchst:

Anhänger:
Strohhalme
Perlen mit 0,6 mm
Durchmesser
Nadel
Faden
Schere

Ranke:
Zimtstangen
Lärchenzapfen
Anissterne
Erdnüsse
Bindedraht
Goldfarbe

Strohanhänger

1 Weiche die Strohhalme etwa eine halbe Stunde in Wasser ein.

2 Schneide die Halme in 5 cm lange Stücke.

3 Knote eine Perle am Fadenende fest. Fädle dann abwechselnd einen Strohhalm und eine Perle auf.

Kann ich auch bunte Knöpfe auffädeln?

Tip:
Zum Auffädeln legen die Kinder die Strohhalme nebeneinander hin und verwenden eine nicht zu dicke stumpfe Nadel.

Gewürzranke

1 Betupfe einige Anissterne, Nüsse und Zapfen mit Goldfarbe.

2 Umwickle die Gewürze und Zapfen nacheinander mit einem langen Drahtstück oder mit Nähgarn.

Die Deutsche Bibliothek – CIP-Einheitsaufnahme

Spiel und Spaß mit der Bastelmaus; Ideen für
das ganze Jahr; mit Vorlagen in Originalgröße/
Christina Pfeiffer. –
Augsburg: Augustus-Verl., 1996
ISBN 3-8043-0415-X

Fotos:
Andrea von Haniel, München (S. 2, 3, 4 u., 5 o.,
5 M., 6, 8, 11, 12, 13, 14, 23, 26, 27, 30, 33, 36 o.,
40, 41, 42, 43, 45, 59, 64, 65)
Peter Holz, München (S. 4 o., 4 M., 7, 10, 17, 21,
22, 25, 29, 32, 34, 35, 36 u., 37, 44, 46, 47, 51, 52,
54, 55, 56, 57, 58, 60, 61, 66, 67, 68, 69, 70, 71)
Christina Pfeiffer, München (S. 15, 20, 24)
Einbandgestaltung: Christa Manner, München
Foto Einband: Klaus Lipa, Augsburg

Grafiken und Reinzeichnungen:
Andreas Schiebel, München

Die im Buch veröffentlichten Ratschläge wurden
von Verfassern und Verlag sorgfältig erarbeitet und
geprüft. Eine Garantie kann dennoch nicht über-
nommen werden. Ebenso ist eine Haftung der
Verfasser bzw. des Verlages und seiner
Beauftragten für Personen-, Sach- und
Vermögensschäden ausgeschlossen.

Augustus Verlag, Augsburg 1996
© Weltbild Verlag GmbH, Augsburg
Idee, Konzeption, Produktion: topic Verlag GmbH,
Redaktions- und Herstellungsservice für Buch-
und Presseverlage, Karlsfeld bei München
Schrift: gesetzt in der Helvetica Neue Roman
11 Punkt in Quark-X-Press
Druck: Appl, Wemding

Gedruckt auf 120 g elementar chlorfrei gebleichtem
Papier
Printed in Germany
ISBN 3-8043-0415-X